NOTICE NÉCROLOGIQUE

SUR

M. DE SAINT-CHARLES

INTENDANT MILITAIRE
ANCIEN COLONEL INSPECTEUR AUX REVUES
COMMANDEUR DE L'ORDRE IMPÉRIAL DE LA LÉGION-D'HONNEUR
CHEVALIER DE SAINT-LOUIS
MÉDAILLÉ DE SAINTE-HÉLÈNE
COMMANDEUR DE L'ORDRE ROYAL ESPAGNOL-AMÉRICAIN
D'ISABELLE LA CATHOLIQUE
OFFICIER DE L'ORDRE IMPÉRIAL DE SAINT-WLADIMIR
DE RUSSIE, ETC.

LYON

IMPRIMERIE LOUIS PERRIN
Rue d'Amboise, 6

—

1866.

NOTICE

SUR

M. DE SAINT-CHARLES

NOTICE NÉCROLOGIQUE

SUR

M. DE SAINT-CHARLES

INTENDANT MILITAIRE
ANCIEN COLONEL INSPECTEUR AUX REVUES
COMMANDEUR DE L'ORDRE IMPÉRIAL DE LA LÉGION-D'HONNEUR
CHEVALIER DE SAINT-LOUIS
MÉDAILLÉ DE SAINTE-HÉLÈNE
COMMANDEUR DE L'ORDRE ROYAL ESPAGNOL-AMÉRICAIN
D'ISABELLE LA CATHOLIQUE
OFFICIER DE L'ORDRE IMPÉRIAL DE SAINT-WLADIMIR
DE RUSSIE, ETC.

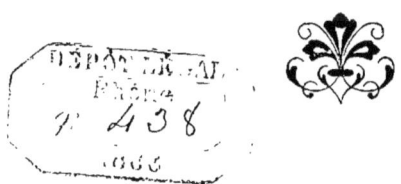

LYON

IMPRIMERIE LOUIS PERRIN
Rue d'Amboise, 6

1866

NOTICE

SUR

M. DE SAINT-CHARLES

Adrien-Charles-Adelin Fromentin de Saint-Charles, que la mort vient d'enlever à sa famille, à ses vieux compagnons d'armes, fils d'un ingénieur directeur du canal de Bourgogne, était né presqu'au seuil de la Révolution française, en 1777, à l'époque où déjà fermentaient les idées nouvelles et les passions qui devaient bientôt éclater en si formidables catastrophes.

La tempête le surprit avant qu'il eût franchi les limites de l'adolescence.

On sait quel contraste présentait alors la France en travail d'une rénovation sociale. A l'intérieur, les dissensions civiles, les exécutions sanglantes et toutes les orgies de la folie et du crime; aux frontières, des armées admirables, le courage, l'héroïsme, le dévouement patriotique. C'est aussi dans les camps que s'était réfugiée la sûreté des personnes, ce premier bien des sociétés civilisées, banni alors du reste de la France.

Le père du jeune de Saint-Charles n'hésita donc pas à laisser son fils suivre les instincts militaires de sa vocation. Agé de moins de seize ans, un fusil sur l'épaule, joyeux et confiant comme on l'est à cet âge, il partit en qualité de soldat volontaire. Dans ces temps où tout s'improvisait, veut-on savoir comment s'acquéraient les grades militaires? Le voici : M. de Saint-Charles, inscrit sur les contrôles de l'armée le 24 août 1791, fut fait sergent-major le 19 septembre, sous-lieutenant le 5 octobre, et lieutenant le 1er décembre de la même année.

Ce fut sous l'épaulette de lieutenant qu'il combattit à la bataille de Jemmapes.

A ce souvenir de Jemmapes se rattache, pour M. de Saint-Charles, l'un des plus brillants fleurons de sa couronne militaire. L'officier de seize ans y fut un héros. Un fait d'armes éclatant, inouï, le signala au-dessus des plus braves, et appela sur lui les regards et les applaudissements de l'armée entière. Dumouriez lui-même, ému d'admiration, oubliant un moment sa dignité de général en chef, daigna descendre jusqu'au jeune lieutenant pour lui offrir personnellement ses félicitations. Voici sa lettre, écrite le surlendemain de la bataille :

« J'ai appris *avec admiration*, citoyen, le courage
« que vous avez déployé à l'affaire du 8, et le succès
« qu'a eu le dévouement avec lequel vous vous êtes
« jeté au milieu d'une des batteries ennemies.

« A la tête de vingt hommes, faire trente-un
« prisonniers, prendre trois pièces de canon, et
« rester couvert de blessures sur le champ de bataille,
« c'est un trait de valeur qui vous rend cher à la
« patrie que vous avez si héroïquement défendue.

« *Le Général en chef de l'armée du Nord,*

« Signé : DUMOURIEZ. »

Assurément cette lettre est un beau titre de noblesse, et le fait qu'elle signale un brillant rayon de notre gloire militaire.

J'ai dit que l'action héroïque de M. de Saint-Charles avait excité l'admiration de l'armée entière. Chacun des généraux qui la commandaient chercha à s'attacher le jeune officier. Westermann, l'un d'eux, lui écrivait le 26 décembre 1792 :

« En apprenant, citoyen, avec quelle bravoure
« vous vous êtes comporté à l'attaque des redoutes
« de Jemmapes, j'ai su que, par suite de vos bles-
« sures, vous éprouviez dans la jambe droite une

« faiblesse qui vous met dans l'impossibilité de conti-
« nuer de servir dans l'infanterie. Je vous adresse
« ci-joint une lettre de nomination au grade de
« lieutenant de hussards dans la légion que je com-
« mande, et je vous promets la première compagnie
« de cavalerie vacante.

« Si vous acceptez, je me féliciterai d'avoir fait
« l'acquisition d'un officier qui réunit le talent au
« courage.

« *Le Général commandant la légion du Nord,*

« Signé : WESTERMANN. »

M. de Saint-Charles accepta le grade qui lui était offert, mais il n'en put remplir les fonctions. Malheureusement, ses blessures étaient plus graves qu'il n'avait voulu le laisser croire; il fut envoyé en convalescence à Paris.

Rien ne pouvait être, pour le jeune lieutenant, plus douloureusement sensible que cette retraite forcée. Elle venait l'enchaîner au moment où, enivré de ses propres succès, exalté par les éloges de ses chefs et de ses camarades, il était impatient de courir à de nouveaux lauriers ; au moment aussi où la patrie en danger avait plus que jamais besoin du concours de tous ses défenseurs. L'Europe entière venait de se lever contre la France, la France lui répondait en faisant sortir de dessous terre quatorze armées à la fois; tout Français était soldat; le pays entier n'était plus qu'un vaste camp.

M. de Saint-Charles se consola en utilisant sa convalescence. Ne pouvant faire la guerre, il voulut l'apprendre aux autres. Il se fit donner un commandement dans l'Ecole militaire, dont on venait de décréter la formation.

Cette Ecole répondait à un besoin urgent. Ce qui manquait aux multitudes armées surgissant de toutes parts à l'appel de la patrie, ce n'était ni le courage, ni l'énergie, ni l'enthousiasme, c'étaient des chefs capables de les conduire. Le Comité de Salut public le comprit : il chargea le citoyen Guyton, représentant du peuple, de créer, ou plutôt d'improviser une école d'officiers sous le nom d'Ecole de Mars. Tout marchait alors *au pas de charge*, suivant l'expression du temps. Le représentant Guyton, investi de la toute-puissance du Comité de Salut public, fit des miracles. En moins de trois décades, des centaines d'élèves, appelés de tous les points de la France, furent réunis, installés, livrés à leurs études. On manquait de logements, des tentes furent établies dans la vaste plaine des Sablons : des barraques en bois, un hôpital même surgirent du sol, et 3,500 jeunes Français, parmi les plus intelligents, furent dressés à la pratique du commandement militaire.

Ce qui saisit surtout l'esprit lorsqu'on jette le regard sur ces temps extraordinaires, c'est, dans les mêmes personnages, un singulier mélange de sublimité et de petitesse, de grandeur et de puérilité. Ce même citoyen Guyton, l'énergique organisateur de l'Ecole de Mars, avait horreur de tout ce qui ne datait pas de l'ère républicaine, et dans le paroxysme de ses idées révolutionnaires, quand il ne pouvait proscrire la chose, il voulait au moins en proscrire le nom. « Quelle serait la raison, écrivait-il au Comité
« de Salut public, quelle serait la raison pour des
« républicains de copier ce qui se fait dans les
« contrées soumises au despotisme ? Au lieu de régi-
« ments, de bataillons, d'escouades et autres divisions
« communes aux hordes soudoyées par les despotes,
« j'ai partagé la troupe des élèves en milleries, en
« centuries, en décuries, et les commandants de ces
« sections s'appellent millerions, centurions, décu-
« rions. »

Ainsi fut organisée l'Ecole de Mars.

Le Comité de Salut public nomma M. de Saint-Charles au grade de centurion.

J'ai sous les yeux sa lettre de nomination : elle est curieuse par les signatures qu'elle porte. Rien n'y manque du reste, ni le style, ni le tutoiement républicains. La voici :

« Le Comité de Salut public t'a nommé instituteur
« d'artillerie à l'Ecole de Mars, avec le grade de
« centurion.

« Tu te rendras sans délai au camp des Sablons.
« Salut et fraternité.

« *Les membres du Comité de Salut public*,

« COUTHON, SAINT-JUST,

« ROBESPIERRE, prési^t. »

Ainsi, le jeune et brillant officier de hussards, condamné au repos, occupa son activité à diriger des combats fictifs, impatient d'en retrouver de véritables.

M. de Saint-Charles, dont on avait remarqué la rare capacité pour l'administration, fut tiré de sa retraite et nommé capitaine-trésorier de la première légion du Midi ; puis successivement commissaire des guerres, colonel-inspecteur aux revues, sous-intendant, et enfin intendant militaire

Je n'ai pas l'intention de tracer une biographie de cette longue vie militaire, commencée à seize ans, finie à quatre-vingt-dix, embrassant toutes les guerres de la République, de l'Empire et de la Restauration, présente à presque tous les champs de bataille de Belgique, de Pologne, de Prusse, d'Autriche, de Russie. L'histoire de M. de Saint-Charles est celle de nos armées. Je veux seulement, dans cette carrière si vaste et si pleine, choisir quelques traits détachés.

En 1807, pendant la campagne de Pologne, à l'époque où se préparait le mémorable siége de Dantzig, M. de Saint-Charles, alors commissaire des guerres, fut chargé d'une mission de la plus haute importance ; il lui fut enjoint de faire la reconnaissance de tous les pays formant la rive gauche de la Vistule, depuis Thorn jusqu'à Dantzig, dans un rayon de six lieues, à partir du fleuve, c'est-à-dire sur une étendue totale de près de 360 lieues carrées. J'ai eu sous les yeux le travail immense qu'il eut à accomplir. Tout s'y trouve : la description des lieux, des routes, le nombre des villages, leur population, leurs ressources en vivres, en fourrages, en moyens de transports. Ce rapport, véritable chef-d'œuvre de sagacité, de précision et d'exactitude, fut remis directement aux mains de l'Empereur : il fut trouvé tel que Napoléon les voulait, et tel que savait les faire le jeune commissaire des guerres.

L'année suivante, en 1808, M. de Saint-Charles reçut de l'Empereur une mission d'une autre nature, plus délicate, mais plus attrayante. L'Empereur était alors en Prusse ; il venait de fonder le système continental, de faire entrer ses armées en Espagne ; il avait besoin de l'amitié puissante du souverain de toutes les Russies. L'année précédente, l'entrevue de Tilsitt lui avait réussi et avait amené un traité de paix entre la France et l'empire russe ; il fallait consolider ces bons rapports ; il voulut essayer d'une nouvelle entrevue : une conférence à Erfurt entre les deux Empereurs fut proposée et acceptée.

On sait avec quel art Napoléon réussissait à plaire quand il en avait la volonté. Il entrait alors dans sa politique de combler l'Empereur de Russie d'égards et d'hommages. Il ordonna que l'un de ses officiers, avec une escorte d'honneur, irait au-devant du souverain de la Russie jusqu'aux confins des pays occupés par nos armées ; qu'il l'accompagnerait pendant la route, et qu'après la conférence, il le reconduirait avec les mêmes honneurs. Napoléon choisit pour cette mission M. de Saint-Charles. Il lui ordonna de défrayer avec l'argent de sa cassette le voyage impérial ; il voulut aussi qu'on prodiguât sur les pas de l'auguste voyageur les démonstrations de respect, et qu'on entourât sa personne de toutes les séductions de l'urbanité française.

Ses intentions furent remplies : ce voyage ne ressembla à aucun autre, soit par la rapidité, soit par le confortable, soit par l'entourage des attentions les plus délicates et de prévenances pleines de surprises. On en jugera par un seul fait. Le Czar n'ayant pu fixer d'avance, à cause de la rapidité de sa course, les lieux où il s'arrêterait, des préparatifs avaient été faits dans tout le trajet, de telle sorte qu'en quelque lieu qu'il lui plût de faire halte, il y trouvait toujours, comme par enchantement, un repas tout dressé. Surpris et charmé, le Czar exprima souvent à l'ordonnateur du voyage son étonnement et ses remercîments. Il fit plus ; il voulut lui laisser un témoignage de sa haute bienveillance, et quand ils se séparèrent, il lui offrit une bague en brillants, sur laquelle étaient gravés ces mots : *Donné à M. de Saint-Charles par l'Empereur de Russie. Erfurt*, 1808.

Ce qui valut à M. de Saint-Charles l'honneur de cette gracieuse et délicate mission, ce ne fut pas seulement son activité, son exactitude éprouvée, ce fut sans doute aussi cette élégante politesse, cette exquise distinction de manières qui étaient comme innées en sa personne, que la rudesse des camps n'avait pu altérer, et où s'alliait si bien l'aisance avec le respect.

La suite de l'Empereur de Russie était nombreuse, si j'en juge par ce fait que quarante chevaux, à chaque relais, furent employés à transporter le cortége. La dépense du voyage fut de 17,552 thalers, soit 65,684 francs, non compris les frais de poste.

Les amitiés fondées sur la politique sont bâties sur le sable : elles durent autant que l'intérêt qui les a formées. Quatre ans ne s'étaient pas écoulés que l'hôte d'Erfurt était devenu un ennemi, et qu'aux galanteries diplomatiques allaient succéder les coups de canon.

L'année 1812 vit sortir de France la plus formidable expédition des temps modernes.

On sait que la victoire, encore fidèle à l'Empereur, avait déjà conduit ses soldats jusqu'au sein de la vieille capitale moscovite, quand une résolution inattendue, barbare et héroïque à la fois, que l'humanité condamnerait, si les nécessités de salut public ne l'absolvaient pas, vint, par l'incendie de cette grande cité, livrer l'armée française à une destruction certaine. On vit alors, à Moscou, pour la première fois, Napoléon hésiter. Ce génie si vif, si ferme, ordinairement si prompt au conseil, et si ardent à l'action, resta pendant plusieurs jours immobile, comme enseveli dans ses pensées, et éperdu devant la grandeur des événements qui se préparaient, ne pouvant ni se résigner à abandonner une conquête déjà à moitié faite, ni conjurer la catastrophe qui se dressait devant lui.

M. de Saint-Charles assista à ces longues et solennelles péripéties. Il venait d'être chargé, à Moscou même, de l'inspection des 4me et 5me divisions du 1er corps.

On sait nos désastres : mais ce qu'on ne sait pas assez, ce fut tout ce qui se dépensa de courage et d'héroïsme dans cette lutte formidable de l'homme contre les éléments, dans cet affreux cataclysme où, au milieu du cahos d'un immense désordre, les multitudes livrées au sabre de l'ennemi, en même temps qu'aux horreurs du climat, n'avaient plus à chercher de salut que dans l'énergie de l'instinct personnel.

A ces terribles moments, M. de Saint-Charles avait senti renaître en lui l'ardeur du lieutenant de seize ans. Prodiguant sa valeur, cherchant toutes les occasions de faire le coup de main, ayant trois doigts de la main droite gelés, il reçut à l'épaule une grave blessure, et eut, le 17 novembre 1812, deux chevaux tués sous lui.

Il était resté auprès de l'Empereur pendant tout le cours de la retraite. Arrivé sur le territoire polonais, Napoléon qui avait jusque-là soigneusement caché ses désastres à la France, résolut de les lui révéler brusquement, d'un seul coup, dans toute leur étendue. Pressé d'écrire, il trouva sous sa main M. de Saint-Charles et quelques officiers : ils entrèrent dans la chambre enfumée d'une pauvre auberge. Là, Napoléon recueilli, marchant à grands pas, dicta le bulletin fameux qui allait émouvoir l'Europe, et y jeter des sensations si diverses.

L'année suivante, M. de Saint-Charles fit la campagne de Saxe, et assista aux grandes batailles où la victoire se plut encore à couronner nos armes. A la retraite de Leipsig, le 21 octobre 1813, il étonna l'ennemi par son audace. Un parti de cosaques de la garde impériale russe venait d'enlever des soldats français, parmi lesquels M. de Narp, officier supérieur, M. de Saint-Charles communiquant son ardeur à quelques cavaliers, se précipita avec eux sur l'ennemi, reprit tous les prisonniers français, et non-seulement les reprit, mais en fit lui-même plusieurs à l'ennemi.

Quand vint la Restauration, M. de Saint-Charles ne dissimula pas sa douleur en présence des événements qui venaient renverser ce qui avait fait le culte de toute sa vie, abattre son drapeau, exiler le grand homme qui avait été son glorieux chef, qui l'avait personnellement honoré de ses regards et de sa bienveillance.

Ces regrets si naturels, si légitimes, si honorables, il se trouva des lâchetés envieuses pour les travestir en crimes, et les dénoncer, sous le voile de l'anonyme, au gouvernement d'alors. Hâtons-nous de le dire à l'honneur du ministre qui dirigeait le département de la guerre : non-seulement il foula aux pieds avec mépris ces impures délations, mais il ne voulut même pas que celui qui en était l'objet prît la peine de se défendre. Cette généreuse confiance fit sur la fière nature du vieux soldat, pour le rattacher au nouvel ordre de choses, ce que n'auraient fait ni les menaces, ni les violences. Il garda son poste, et continua de servir le pays.

Enfin l'âge vint sonner l'heure de la retraite. M. de Saint-Charles n'avait alors rien perdu ni de ses facultés morales, ni de ses facultés physiques. Cette constitution de fer que n'avaient pu altérer ni les fatigues, ni les blessures, cette activité ardente qui formait l'un des traits de sa vie, étaient restées entières. Rendu à la vie privée, il les appliqua à des travaux champêtres, et sa vaste terre de Flassans devint le lieu de son séjour, et le théâtre de ses entreprises agricoles.

Sa verte vieillesse laissait présager encore plusieurs années de vie, quand un accident presque foudroyant, une pleurésie contractée dans ses courses, est venu l'enlever en quelques jours, à sa femme, à ses enfants, à ses amis. Il est mort le 24 mars 1866, entouré de sa famille et des secours de la religion.

M. de Saint-Charles a conservé jusqu'à la fin de sa vie cette élégance de formes, cette aménité de manières, dont je parlais tout à l'heure. Son esprit, si riche en souvenirs, était réservé, et sobre de récits; mais si l'on parvenait à l'exciter, sa conversation devenait abondante en faits intéressants.

Il a gardé aussi jusqu'au dernier soupir son culte pour le drapeau, pour les glorieux souvenirs du passé, pour ses vieux compagnons d'armes, et avant tout, pour le héros qui l'avait conduit sur tant de champs de bataille, et qui, en remplissant le monde de sa gloire, en avait fait tomber les reflets sur le front de ses soldats.

Ces souvenirs étaient chez M. de Saint-Charles une religion : quand il apprenait naguères la naissance si désirée d'un petit-fils, il s'écriait de premier mouvement : Vive l'Empereur ! Il lui semblait que ce cri, par lequel il avait si souvent salué la victoire, était l'annonce obligée de toutes les bonnes nouvelles.

www.ingramcontent.com/pod-product-compliance
Lightning Source LLC
Chambersburg PA
CBHW060902050426
42453CB00010B/1528